OPÉRATION KOALA

BIOGRAPHIE

Petite fille, Lucy Daniels aimait beaucoup lire, et rêvait d'être écrivain. Aujourd'hui, elle vit à Londres avec sa famille et ses deux chats, Peter et Benjamin. Originaire de la région du Yorkshire, elle a toujours aimé la nature et les animaux, et s'échappe à la campagne dès qu'elle le peut.

Ce livre est déjà paru dans la collection Folio Cadet, n°352, sous le titre
Opération Koala

ILLUSTRATIONS INTÉRIEURES : PHILIPPE MIGNON
ADAPTATION : SOPHIE BEAUDE

L'auteur remercie Jenny Oldfield et Bairbre O'Malley, médecins vétérinaires, qui ont revu les informations contenues dans ce livre.
Conception de la collection : Ben M. Baglio
Titre original :
Koalas in a Crisis

Publié pour la première fois par Hodder Children's Books, Londres

Loi n°49-956 du 16 juillet 1949 sur les publications destinées à la jeunesse
Dépôt légal : mars 2002
ISBN : 2 747 004 85 6

S.O.S. ANIMAUX

OPÉRATION KOALA

LUCY DANIELS
TRADUIT DE L'ANGLAIS
PAR OLIVIER MALTHET

DEUXIÈME ÉDITION
BAYARD JEUNESSE

LES HÉROS DE CETTE HISTOIRE

Cathy Hope a douze ans, et une passion : les animaux. Son ambition est de devenir vétérinaire, comme ses parents. La souffrance des animaux lui est insupportable et elle ne manque jamais une occasion de leur porter secours.

Adam et **Emily Hope** sont les parents de Cathy. Ils dirigent une clinique vétérinaire, l'Arche des animaux, où Cathy passe tout son temps libre.

James Hunter est le meilleur ami de Cathy. Il partage avec elle l'amour des animaux et la suit dans toutes ses aventures.

Tom et **Dorothy Hope** sont les grands-parents de Cathy. Ils vivent au cottage des Lilas, et sont toujours prêts à venir en aide à leur petite-fille.

Adam Hope
Emily Hope
Tom Hope
Dorothy Hope
James Hunter
Cathy Hope

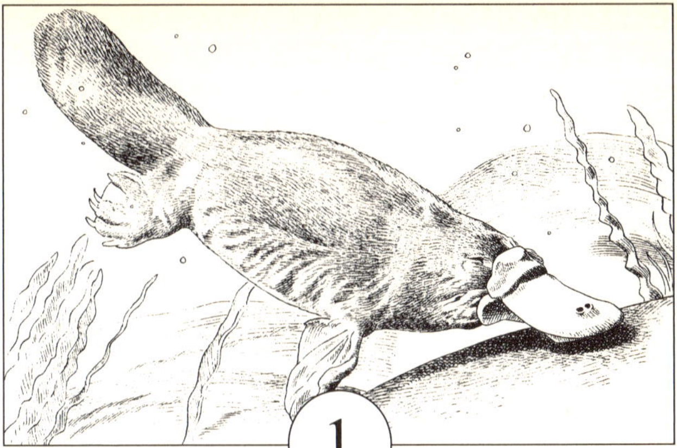

1

– Cathy ! appela Adam Hope. Viens voir, vite !

Le soleil se couchait, colorant le ciel d'un beau rouge orangé. Un martin-chasseur poussa un cri du haut d'un gommier.

La jeune fille, assise près de la piscine, se leva d'un bond et traversa le jardin en courant.

– Où es-tu ? demanda-t-elle en regardant de tous les côtés.

– Chut ! Par ici !

Accroupi au bord de la rivière, M. Hope se

tenait à une branche et observait l'eau profonde et claire.

– Qu'est-ce qu'il y a, Papa ?

Il lui fit signe de le rejoindre. Cathy s'agenouilla sur la terre rouge, se pencha et scruta le fond du cours d'eau.

– Je ne vois rien !

– Le voilà ! dit M. Hope en pointant son doigt en direction d'une forme mouvante.

Cathy aperçut parmi les rochers et les roseaux une étrange créature. Elle avait une queue de castor et un bec de canard, et barbotait en soulevant comiquement ses pieds palmés.

– On dirait un ornithorynque ! s'écria-t-elle, oubliant qu'elle devait parler à voix basse.

– Chut ! Tu vas l'effrayer ! la réprimanda son père.

Ses yeux rivés sur l'animal, il ne perdait aucun de ses mouvements. Le drôle de canard venait juste de plonger sous l'eau et fouillait la vase.

– En effet, c'est effectivement un ornithorynque, confirma-t-il.

Cathy n'en revenait pas ! Elle avait à peine posé le pied en Australie qu'elle découvrait l'une de ses plus rares merveilles ! Le séjour commençait bien !

– C'est un sacré gourmand ! remarqua M. Hope tandis que l'ornithorynque aspirait, puis filtrait l'eau trouble avec son bec.

– Mais… il mange de la boue ? fit Cathy, surprise.

– Que tu es bête ! Il remue la terre à la recherche de vers et d'écrevisses. Il ne peut ni voir ni entendre, car ses yeux et ses oreilles sont recouverts d'une membrane. Il ne se sert donc que de son bec pour trouver de la nourriture.

La jeune fille observait attentivement l'animal, retenant son souffle. Quelle étrange bête ! Elle avait des pattes courtes, terminées par des griffes palmées qui lui permettaient de se propulser dans l'eau.

– Combien de temps peut-il rester sous l'eau sans respirer ? demanda-t-elle, un peu inquiète, car l'animal n'avait toujours pas ressorti la tête.

– Environ cinq minutes. Viens ! Mieux vaut ne pas trop nous montrer ; il est très craintif.
Cathy recula doucement sans se lever. Soudain, elle entendit un craquement.
– Papa !
M. Hope ne se tenait plus que d'une main et agitait l'autre bras comme un moulin. Quelques secondes après, la branche cassa net. Il essaya désespérément de retrouver son équilibre… Il tomba dans l'eau sur le dos, sans même avoir eu le temps de pousser un cri.
Effrayé, l'ornithorynque fila comme une flèche.
M. Hope réapparut rapidement à la surface et secoua la tête comme un chien.
– Ça va, j'ai pied ! s'exclama-t-il en recrachant de l'eau.
Soulagée, Cathy éclata de rire.
– Qu'est-ce qui se passe ? s'écria Emily Hope qui, alertée par le bruit, arrivait en courant.
Elle regarda sa fille, puis son mari qui se débattait dans l'eau.

– Que fait donc ton père dans la rivière ?
– De l'observation subaquatique ! Devine ce qu'on vient de voir ? Ça nage comme un poisson, pond des œufs comme un reptile et allaite ses petits comme un mammifère ?
– En tout cas, je suis sûre d'une chose, ce n'est pas ton père ! Voyons… Est-ce qu'il ne s'agirait pas d'un membre de la famille des Ornithorynchidae qu'on trouve uniquement en Australie ? plaisanta Mme Hope, tout en aidant sa fille à hisser M. Hope sur la terre ferme.
– Gagné ! s'exclama Cathy. Il était juste là !
Elle se remit à plat ventre au bord de l'eau, guettant le retour de la créature. La boue s'était redéposée au fond de la rivière, et l'eau était redevenue transparente.
Les parents de la jeune fille se dirigèrent vers leur nouvelle maison. Elle était toute en bois, construite de plain-pied, avec une véranda devant et des volets à chaque fenêtre. Dans le jardin, il y avait une piscine. En face de la maison, à l'ombre des gommiers, se trouvait le cabinet de consultation des vétérinaires.

M. et Mme Hope venaient juste d'arriver au pays des kangourous. Ils avaient échangé pour six mois leur Arche des animaux, en Angleterre, contre cette clinique de Mitchell Gap, près d'Eurabbie Bay, dans le sud de l'Australie. Ils avaient fait en sorte que Cathy puisse suivre les cours par correspondance.

Les habitants des environs amenaient là leurs animaux de compagnie et leurs bêtes malades. Rob Munroe, le propriétaire, avait prévenu M. et Mme Hope qu'ils devraient soigner aussi bien des wombats ou des opossums que des brebis ou du gros bétail.

– Vous ne risquez pas de trouver de wombats à Welford ! avait plaisanté M. Hope.

Allongée sur la terre chaude, Cathy regrettait que James, son meilleur ami de Welford, ne soit pas avec elle. Comme il lui manquait ! Elle se promit de tout lui raconter.

2

Cathy arriva sur la véranda en poussant un cri de joie :

– J'ai revu l'ornithorynque ! Il a fait son terrier juste à l'endroit où papa est tombé !

Mme Hope se reposait sur la terrasse. Elle portait une belle robe d'été et un collier de perles turquoise.

– Près de l'acacia ?

– Oui. Tu crois qu'il va pondre ses œufs là ?

– Si c'est une femelle, il y a des chances, mais…

Elles furent interrompues par la voix

enjouée de M. Hope. Il avait revêtu une chemise bleu clair et un pantalon sombre.

– Tu n'es pas encore prête ? demanda-t-il à sa fille, dont le T-shirt était tout poussiéreux.

– Hein ? On va quelque part ?

– Oui, à Waratarah, chez les Simpson, répondit son père en imitant l'accent australien. Ils nous ont invités à leur barbecue. On va rencontrer de nouvelles têtes !

– Tu n'as pas l'air enchanté, chérie..., intervint Mme Hope.

Cathy grimaça. Elle n'avait qu'une envie : continuer à observer l'ornithorynque. À contrecœur, elle partit se changer tout en espérant que la soirée ne durerait pas trop longtemps.

Quelques minutes plus tard, le 4x4 avançait en cahotant sur le chemin accidenté qui menait à Waratarah. Après avoir franchi de profonds ravins, Cathy et ses parents aperçurent au loin l'océan Pacifique.

Alice et Don Simpson habitaient au sommet d'une colline qui dominait la mer. Une

longue plage de sable blanc bordait la baie d'Eurabbie. La vue au clair de lune y était magnifique.
Le jardin fourmillait d'invités, et une odeur de saucisses et de viande grillées flottait dans l'air. Cathy et ses parents se frayèrent un chemin vers les Simpson, tout heureux de les accueillir.
– Adam et Emily ! Soyez les bienvenus ! Venez, je vais vous présenter nos voisins, fit Mme Simpson en les entraînant avec elle.
Cathy, elle, resta à l'écart. Elle n'aimait pas les mondanités ; elle alla donc se promener au fond du jardin. Quel plaisir d'écouter tranquillement le cri des oiseaux nocturnes et d'observer les lézards qui se faufilaient à travers les broussailles ! Elle était sur le point de s'engager sur un chemin étroit quand une voix derrière elle l'interpella :
– À ta place, je n'irais pas par là !
Surprise, la jeune fille se retourna.
Elle découvrit un garçon aux cheveux blonds et bouclés, aux yeux gris et à l'allure décontractée.

– Pourquoi ? C’est dangereux ?
– Hier, j’ai trouvé un « roi marron » sur ce gros rocher. Tu sais ce que c’est ?
Cathy secoua la tête.
– C’est un serpent. Sa morsure est mortelle. Il s’était coincé la tête dans une cannette de soda vide et il était en train de mourir de faim…
Cathy dévisagea son interlocuteur.
– Je l’ai attrapé par le cou et j’ai ouvert la boîte avec un canif pour qu’il se sauve. Fais attention, il pourrait être encore dans les parages à guetter son repas de la journée.
Il y eut un silence. Cathy était stupéfaite : ce garçon avait sauvé un serpent venimeux au péril de sa vie !
– Je m’appelle John, se présenta-t-il, le sourire aux lèvres.
– Moi, c’est Cathy.
– Tu viens nous rejoindre ? proposa John. On est toute une bande. On est là-bas, au bord de la piscine. L’eau est très chaude !
Cathy le suivit sans hésitation, ravie d’avoir trouvé une compagnie. En plus, ce garçon aimait les animaux…

– Voici Karine Browne, l'aide-soignante du cabinet de consultation. Elle vit ici, à Waratarah. C'est plus pratique pour aller travailler, lui expliqua John.

Karine plut tout de suite à Cathy. Elle était jeune, avait des cheveux bruns, coupés court, des yeux noisette et un visage souriant. Elle prit Cathy par le bras pour continuer les présentations :

– Voici Graham, qui dirige le centre de secourisme de Peppermint Hill. Il est chargé de nous amener les animaux blessés, après leur avoir donné les premiers soins. Ce sont pour la plupart des kangourous et des wombats…

Graham était âgé d'une trentaine d'années. Il sourit chaleureusement à la jeune fille.

– Nous avons aperçu des kangourous sur la route de Sydney, raconta Cathy, mais aucun wombat. Je ne sais même pas à quoi ça ressemble.

– Oh ! Tu en croiseras sûrement ! Ils sont gros, et ils ont beaucoup de poils, un peu comme les koalas.

Karine entraîna Cathy de groupe en groupe, la présentant à chacun. Lorsqu'elles eurent fait le tour des invités, elles retrouvèrent M. et Mme Hope.

– Maman, Papa, je vous présente Karine, votre assistante, dit Cathy gaiement.

– Vous êtes au courant, pour l'ornithorynque ? s'enquit aussitôt M. Hope.

– Vous parlez de celui qui vit dans la rivière ? Bien sûr ! Il ne devrait pas tarder à déposer ses œufs !

Rapidement, une conversation animée s'engagea, et Cathy ne vit pas le temps passer. Quand, à onze heures, ses parents décidèrent de rentrer, elle serait bien restée bavarder encore un peu avec Karine, John, Graham et les autres…

– Maman, tu crois que nous verrons des koalas ? demanda-t-elle, sur le chemin du retour.

Elle contemplait la masse sombre des branches au-dessus de sa tête.

– Qui sait…

– J'espère, soupira Cathy. Je n'ai pas fait

tout ce chemin pour ne pas voir un seul animal sauvage.

Elle disait ça en pensant à tous les animaux exotiques qui vivent en Australie : perruches, oiseaux-lyres, émeus, fourmiliers à épines, et, bien sûr, les célèbres koalas…

3

– Bonjour, ma chérie ! s'exclama Mme Hope en entrant dans la chambre de sa fille. Elle portait sur un plateau un jus d'orange frais et un bol de céréales. Cathy cligna des yeux :

– Quelle heure est-il ? Il fait déjà jour ?

– Oui, depuis longtemps ! Il est huit heures.

La jeune fille gémit. Elle descendit de son lit et courut ouvrir les volets. Le soleil brillait au-dessus de la colline, derrière la rivière.

– C'est pas vrai ! Je voulais me lever tôt pour voir l'ornithorynque.

– Ne t'inquiète pas, dit sa mère en souriant, il ne va pas s'envoler ! Si tu venais plutôt nous aider à préparer le cabinet de consultation ? Ce premier jour de travail me rend un peu nerveuse…
Cathy leva les yeux vers elle. Cela ne lui ressemblait pas : sa mère était habituellement si calme !
– Que ferons-nous si l'on nous apporte une araignée, un bandicoot à long nez, ou un lézard ? Il en existe plus de trois cents espèces en Australie ! Je sais à peine en reconnaître une !
– Trois cents ? C'est génial !
Cathy en oublia l'ornithorynque et enfila rapidement un short et un T-shirt.
– C'est l'horreur, oui ! plaisanta sa mère. Il y a aussi cent quarante espèces de serpents.
– Mais c'est merveilleux, Maman ! Et puis Karine vous aidera. C'est une spécialiste !
– Et plus d'une centaine de marsupiaux ! continuait Mme Hope en levant les yeux au ciel.
– Kangourou, koala, opossum, écureuil

volant…, enchaîna Cathy avec malice.

– Wallaby, wombat…, soupira Mme Hope.

Impatiente, Cathy avala rapidement son jus d'orange et ses céréales, se donna un coup de peigne et s'élança vers la véranda.

– Allons-y ! Avec un peu de chance, on va peut-être soigner un koala aujourd'hui !

– Cela m'étonnerait, répondit sa mère, qui ne voulait pas lui donner de faux espoirs. Les gens ne les gardent pas chez eux, car ils sont terriblement voraces. Et, en plus, ils supportent mal la captivité.

– Il est possible que j'en voie un au centre de secours. Karine m'a promis de m'emmener à Peppermint Hill dès que nous aurions le temps.

M. Hope s'affairait dans le cabinet de consultation tout en discutant avec le vieux vétérinaire qu'ils avaient rencontré la veille. Walter King avait plus de soixante ans et ne travaillait qu'à mi-temps. Mais il aimait son métier et était toujours prêt à donner un coup de main. Lorsque les Munroe avaient décidé de partir travailler six mois à

Welford, il avait proposé de seconder leurs remplaçants. Grand, le visage buriné, il avait un nez en forme de bec d'aigle et une crinière blanche. Ses yeux marron étaient vifs et pétillants.

M. Hope héla sa fille :

– Cathy, nous allons avoir besoin de toi ! La salle d'attente est déjà à moitié pleine.

Cathy enfila sa blouse et jeta un coup d'œil dans la pièce à côté, espérant y découvrir un cacatoès, un dingo ou un joli wallaby... Mais elle n'aperçut qu'un labrador jaune, un yorkshire et, dans une cage, une petite perruche bleue aux plumes ébouriffées, qui avait l'air malade. Quelle déception !

À la mi-journée, Cathy avait aidé son père à soigner le labrador atteint de gale, une chatte persane enceinte et un hamster. Elle était sortie nourrir un chien de berger et avait nettoyé les cages de deux chatons.

Sa mère lui proposa de l'accompagner voir un gros matou du nom de Mosaïque. Cathy accepta avec joie.

– Une fois que vous aurez passé le verger,

vous verrez la maison près de la rivière, leur expliqua Walter. Vous ne pouvez pas vous tromper. Généralement, Hilda descend jusqu'ici, mais son vieux camion a un pneu crevé. Apparemment, ce pauvre Mosaïque a voulu poursuivre un kangourou !

Hilda Harris était une petite femme maigre et noueuse, aux cheveux blancs. Elle portait une chemise à carreaux usée et un pantalon d'ouvrier deux fois trop grand. Elle conduisit Cathy et sa mère dans une grange vermoulue, où régnait une forte odeur de pomme.

– Un kangourou a dû le frapper avec ses pattes arrière, expliqua Hilda en leur montrant un gros chat recroquevillé dans un coin.

Mme Hope parcourut de ses doigts l'échine du chat, qui grogna en remuant la queue.

– Je l'ai trouvé près de la rivière, étendu comme s'il était mort.

– C'est grave ? demanda Cathy, anxieuse.

– Apparemment, il n'a pas de fracture, la

rassura sa mère, tout en examinant Mosaïque. Juste de sérieuses contusions au niveau des côtes.

Elle regarda l'intérieur de sa gueule :

– Il a quand même été traumatisé. Pauvre chat ! Vous voyez, ses gencives sont très pâles. Il tremble légèrement, il est toujours sous le choc. Mais il n'est pas nécessaire que nous le transportions au centre. Couvrez-le bien, assurez-vous qu'il a suffisamment à boire et à manger. Surveillez-le pendant un jour ou deux, il devrait se remettre rapidement.

– Mosaïque, le gronda Hilda, tu as encore gaspillé une de tes vies !

– Ça lui arrive souvent ? s'enquit Cathy.

– Oh juste une quinzaine de fois, répondit la vieille femme en clignant de l'œil. Excusez-moi de vous avoir fait venir jusqu'ici.

– Ce n'est rien, affirma Mme Hope. Je suis très contente de vous avoir rencontrée.

Elles suivirent Hilda dans le jardin et prirent congé.

– Où allez-vous maintenant ? interrogea la

vieille femme en jetant un coup d'œil averti au ciel.

– Nous retournons au centre. Pourquoi cette question ?

– Le vent du sud va bientôt se lever. Mieux vaut que vous rentriez au plus vite.

Cathy scruta le ciel bleu légèrement brumeux. Elle avait du mal à croire que le temps pouvait se gâter.

Pourtant, sur le chemin du retour, le vent se mit à souffler. Il redoubla d'intensité l'après-midi et, vers trois heures, John Simpson téléphona pour annuler la leçon de surf qu'il avait promise la veille à Cathy.

– Remettons ça à un autre jour. Le vent du sud souffle trop fort, expliqua-t-il. Je suis désolé !

Cathy raccrocha, déçue, et se tourna vers son père :

– Mais qu'est-ce qu'ils ont tous, avec ce vent ? Il n'a pas l'air si terrible !

– Regarde par la fenêtre ! lança Karine, qui venait d'entrer dans la pièce.

Un nuage de fine poussière rouge tour-

billonnait au-dessus de la vallée. Soudain, la grille du jardin grinça et claqua violemment.
– Dans ces moments-là, personne ne sort, précisa l'assistante.
Ensuite, elle s'assura que les fenêtres du cabinet étaient toutes fermées. Quelques instants plus tard, il se mit à pleuvoir des cordes. La pluie crépitait bruyamment contre le toit en bois. Au fond du jardin, la rivière se transforma en un torrent de boue. Le vent s'engouffrait dans la baie d'Eurabbie et survolait la colline de Waratarah en secouant tout ce qui se trouvait sur son passage.
Cathy frissonna. Elle comprenait maintenant pourquoi il valait mieux rester à l'abri ! Enfin, la tempête s'arrêta, aussi brusquement qu'elle avait commencé. Les dernières gouttes tombèrent des arbres et une nappe de vapeur s'éleva de la terre chaude. Au grand étonnement de la jeune fille, tout redevint calme et silencieux, comme s'il ne s'était rien passé. Quel pays étrange !
– C'était le vent du sud, commenta Karine.

Il souffle généralement une fois par semaine, sans que l'on puisse le prévoir longtemps à l'avance. Et il fait souvent beaucoup de dégâts.

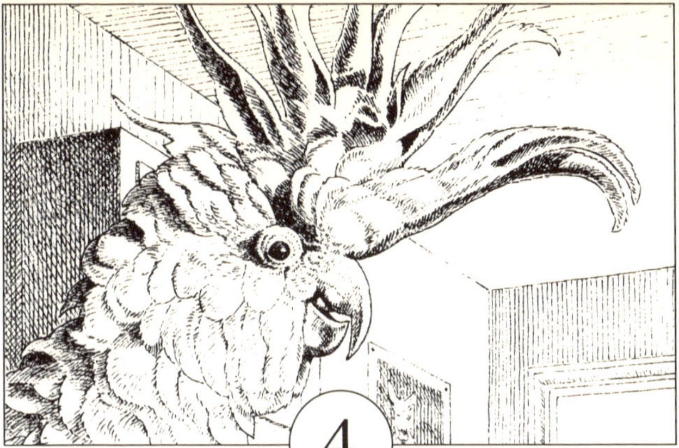

4

La fin d’après-midi fut bien remplie. La salle d’attente ne désemplissait pas. M. et Mme Hope n’eurent aucun répit.

– Ah ! voilà l’heure des patients plus exotiques ! s’exclama Mme Hope en prenant sa fille par l’épaule. N’est-ce pas, Karine ?

L’assistante vétérinaire consulta le carnet de rendez-vous :

– En effet, il y a le cacatoès de Vicky Jackson et le wombat de Bob Stalker. Je les ai vus, ils attendent dans la salle.

– Chouette ! s’écria Cathy, ravie.

Cathy aida Walter à s'occuper du cacatoès blanc. Ce n'était pas aussi facile qu'elle l'avait imaginé. C'était un oiseau bruyant et agressif, de la taille d'un grand perroquet. Il avait une magnifique crête jaune, qu'il secouait fièrement.

– Il s'appelle Cocoa ! les informa Vicky, la propriétaire du bel oiseau.

Âgée d'une dizaine d'années, Vicky avait un air sérieux. Elle venait consulter parce que les longues griffes de Cocoa se recourbaient et lui blessaient les pattes.

Alors que Cathy tentait de l'amadouer, l'oiseau lui donna un coup de bec sur le doigt.

– Aïe !

Walter enveloppa les pattes du cacatoès dans une serviette épaisse pour se protéger et montra à Vicky comment lui couper les griffes. Puis il examina Cocoa.

– Il est en grande forme, conclut-il. Il est parti pour être centenaire !

Le volatile siffla en dressant avec orgueil sa crête jaune d'or. Cathy se boucha les oreilles et se mit à rire, oubliant le coup de bec.

– Si l'on veut préserver nos tympans, il serait temps de le faire sortir ! plaisanta Walter.
Ils aidèrent Vicky à remettre l'oiseau dans sa cage et appelèrent le patient suivant.
– Cathy, tu as de la chance ! Voilà ton premier wombat ! annonça Walter.
Bob, un garçon au visage joufflu et aux cheveux courts, tenait en laisse l'animal, qui se dandinait avec nonchalance.
– Je vous présente Ernest, dit-il fièrement.
Le wombat mesurait à peu près soixante centimètres de haut. Il avait des pattes courtes mais pas de queue. Son poil marron foncé était fourni.
– Salut, Ernest ! lança Cathy en s'agenouillant.
La tête du wombat était ronde, comme celle d'un blaireau ; il avait un museau aplati et de petits yeux noirs. Il allongea le cou pour renifler les doigts de la jeune fille, puis il émit un bref grognement.
– Les wombats, comme les kangourous ou les koalas, sont une espèce protégée. Il faut

une autorisation spéciale pour en garder un chez soi. Nous n'en voyons donc pas beaucoup ici, expliqua Walter.

Il se tourna vers l'heureux propriétaire.

– Quel est le problème ?

– Il ne marche pas très bien. Ses pattes arrière sont devenues toutes raides.

– La plupart du temps, les wombats ne se déplacent pas très vite. Quel âge a-t-il ?

– Dix-sept ans, cinq ans de plus que moi, répondit le garçon.

– Nous allons commencer par le peser.

Ensemble, ils mirent la paisible bête sur la balance.

– Trente-deux kilos, déclara Cathy.

– Il est beaucoup trop gros ! s'exclama Walter. Que lui donnez-vous à manger ?

– De l'herbe et des racines.

– Il déterre lui-même ses racines ?

– Non, nous les lui apportons.

– Vous le gâtez trop. Laissez-le se promener et creuser dans le jardin, ça lui fera perdre quelques kilos et renforcera ses articulations.

Puis Walter brossa les poils drus du wombat.
– Il est magnifique ! Et tellement sage ! s'écria Cathy
– Oui, soupira Walter. Avant l'arrivée de l'homme, les wombats n'avaient pas d'ennemis. Maintenant, les fermiers les considèrent comme des animaux nuisibles, car ils font des trous dans les pâturages et détruisent les clôtures. Si bien qu'ils deviennent de plus en plus rares.
– Aussi rares que les koalas ? s'inquiéta Cathy en grattant le museau du wombat.
– Non, pas encore. Mais il est désormais interdit de capturer ceux qui vivent à l'état sauvage.
Le vieux vétérinaire aida Bob à poser Ernest sur le sol.
– Alors, Cathy, tu es contente d'avoir rencontré ton premier wombat ? s'enquit Karine en passant la tête par la porte.
– C'est-à-dire que, depuis hier, j'ai vu des kangourous, un ornithorynque et un wombat…

– Mais pas de koala ! devina Karine.
Cathy acquiesça, l'air dépité.
– Ça te dirait de faire une randonnée en montagne ? proposa soudain la jeune femme.
– Pour voir des koalas ? Génial ! Quand partons-nous ?

Le soir même, Cathy écrivit à James. Elle lui parla longuement de ce pays mystérieux, de ses habitants et du climat. Elle mentionna même les barres de protection installées sur les voitures, à cause des kangourous qui pouvaient traverser la route à n'importe quel moment. Elle lui décrivit aussi le mystérieux ornithorynque et Ernest le wombat, mi-ours, mi-blaireau, qui pesait trop lourd. Elle termina sa lettre ainsi :

Karine, l'assistante vétérinaire, nous a invitées, maman et moi, à une randonnée vers les chutes de Wirritoomba, à la fin de la semaine. Nous allons camper au bord de la rivière Warraburra, près de la réserve natu-

relle du Pic bleu. Karine m'a dit que nous avions des chances d'y voir des koalas ! C'est fantastique, tu ne trouves pas ? Je t'écrirai pour tout te raconter, promis !
Je t'embrasse fort,
Cathy.

5

– Chaussures de marche ? demanda Mme Hope en consultant sa liste d'accessoires.
– Oui, répondit Cathy, qui posait au fur et à mesure les affaires sur le lit.
– Grosses chaussettes, short, deux T-shirts, un maillot de bain, une veste de pluie et un pull…
– J'ai !
– Sparadrap, crème anti-moustiques, alcool à 90°, écran total, canif, corde, épingles à nourrice.
– C'est bon !

– Sac à dos ?

Cathy le tira de sous son lit. Elle avait déjà tout préparé depuis plusieurs jours, faisant et défaisant son sac pour être sûre de ne rien oublier.

– Parfait ! la félicita sa mère en l'embrassant. Couchons-nous vite, car demain nous devons nous lever de très bonne heure. Karine nous rejoindra à Eurabbie, où nous prendrons le premier car.

L'expédition avait été organisée dans les moindres détails. La petite troupe allait traverser les terres jusqu'aux monts Warragerri, puis marcher le long de la rivière Warraburra pour installer un campement aux chutes de Wirritoomba.

Le lendemain matin, M. Hope les conduisit en ville. Le car était là, et Karine les attendait à l'intérieur.

Bientôt, elles se retrouvèrent au milieu d'un bois de noisetiers, parmi des champs de maïs et des vignes. Elles virent d'immenses forêts ponctuées de lacs bleus. Au loin, une chaîne de montagnes s'étirait dans la brume. Le car longea la rivière qui sinuait à travers la plaine.

Cathy colla son visage contre la fenêtre. Dans un acacia, elle aperçut un groupe d'oiseaux aux jolies couleurs, qui s'envolèrent à leur passage. Karine lui apprit que c'étaient des perruches.

– Tu entends ce ricanement ?

Un cri perçant retentissait en haut des gommiers. On aurait dit un rire de fou.

– C'est un martin-chasseur, lui expliqua Karine. On le surnomme « l'âne rieur » !

Le car pénétra sur un plateau parsemé de broussailles, et la jeune fille découvrit des dizaines de kangourous et de dingos.

Il commençait à faire chaud. Au bout de quelques kilomètres, le car quitta la plaine et entreprit l'ascension de la montagne, à l'ombre des hêtres et des eurabbies. Arrivé au sommet, il s'arrêta et tous les passagers descendirent.

– En route pour l'aventure ! lança Karine en attrapant son sac à dos.

Toutes les trois se dirigèrent d'un bon pas vers les berges de la rivière. Cathy, enthousiaste, posait mille questions à Karine. Elle passa sa main sur l'écorce lisse et rosée d'un gommier, et se hissa sur la pointe des pieds pour observer les feuilles de l'arbre.
– Mmm ! Ça sent bon !
– Oui, c'est un gommier-menthe.

La jeune fille arriva la première à la rivière. Se penchant pour tremper ses doigts dans l'eau bleu-vert, elle aperçut un opossum.
Elle vit d'abord sa queue annelée remuer dans un buisson, puis ses grands yeux noirs et ses oreilles de chauve-souris. Il avait la taille d'un chat et portait quatre petits accrochés à son dos.
Karine, qui avait rejoint Cathy, s'accroupit à ses côtés.
L'animal bondit jusqu'à une branche basse et s'agrippa à l'aide de ses pattes arrière, qui ressemblaient à des mains. Les quatre bébés, de la taille d'une souris, se serraient sur son dos.

– Je crois qu'il a repéré quelque chose, chuchota Karine.
En effet, un faucon planait dans le ciel. Le rapace montait et descendait au gré des courants aériens. Il avait remarqué l'opossum et ses petits, et attendait le moment propice pour fondre sur eux.
Cathy devait l'en empêcher ! Elle se leva brusquement en remuant les bras. Ce fut la panique, plusieurs animaux jaillirent des broussailles ; l'opossum se réfugia au milieu des feuillages. Le faucon tournoya encore une fois, puis s'éloigna à tire-d'aile.
La jeune fille poussa un soupir de soulagement en pensant à la pauvre mère.
– Tu sais, l'opossum se défend aussi très bien tout seul, lui apprit Karine. Si ce faucon s'était abattu sur lui, il aurait fait le mort. Allez, ne traînons pas ! Les chutes sont à une dizaine de kilomètres, et il faut y arriver avant le coucher du soleil.

6

Malgré la chaleur de l'après-midi, elles se mirent courageusement en marche sur le sentier caillouteux, admirant en route les orchidées violettes, roses et bleues.
Les sangles du sac de Cathy commencèrent bientôt à lui brûler les épaules. Elle se demandait comment Karine, qui portait la tente, parvenait à avancer aussi rapidement. L'assistante vétérinaire grimpait comme une chèvre des montagnes, s'arrêtant à peine pour se reposer.
– C'est encore loin ? haleta Cathy.

Ses jambes aussi la faisaient souffrir.
– Plus que trois kilomètres, la rassura Karine. Une fois arrivées près des chutes, nous pourrons nous rafraîchir.
Les ombres des arbres s'allongeaient déjà. Cathy marchait d'un pas lourd, ne désirant plus qu'une chose : atteindre les chutes au plus vite. Tout autour, la forêt s'animait. Un lézard traversa le chemin, et un oiseau ébouriffé, à l'air gauche, un émeu, vint les regarder avec curiosité. Au même moment, un dingo sortit d'un fourré. L'émeu s'enfuit alors maladroitement en balançant son long cou.
Les chutes apparurent enfin. Elles mesuraient à peu près dix mètres de large. L'eau cristalline rebondissait de roche en roche sur une hauteur de quarante mètres pour se jeter au fond d'une gorge cachée dans les fougères.
En un éclair, Cathy ôta ses chaussures, enleva ses vêtements et mit son maillot. Elle plongea dans l'eau fraîche au pied de la cascade.

– Ah ! ça fait vraiment du bien ! s'écria-t-elle.
Sa mère et Karine la rejoignirent. Elles nagèrent avec délice, profitant des derniers rayons du soleil.
Après ce bain amplement mérité, elles installèrent leur campement en contrebas de la rivière. Karine sortit la tente de son sac et la déroula. Elles enfilèrent les arceaux, enfoncèrent les piquets et tendirent les cordes.
– Je suis tellement épuisée que je pourrais dormir debout ! s'exclama Mme Hope.
– Moi, j'ai faim ! se lamenta sa fille.
Elles firent chauffer de l'eau de la rivière pour préparer de la soupe en sachet. Cathy but à petites gorgées. Jamais elle ne s'était autant régalée ! En dessert, elle mangea une pomme et un morceau de chocolat.
À présent, la nuit était tombée. Soudain, Cathy entendit un bruit étrange : une sorte de grincement, comme une scie coupant du bois.
– Qu'est-ce que c'est ? s'inquiéta-t-elle.
– Quoi ? demanda Karine.

– Ce bruit : rwagh, rwagh, rwagh…
La jeune femme se mit à rire :
– Ça ? C'est un de ces koalas que tu tiens absolument à rencontrer !
Cathy tendit l'oreille. Quelque part dans les gommiers, un koala poussait son cri étonnant. Enfin ! Son rêve allait devenir réalité.
Le lendemain matin, Cathy se faufila dehors de bonne heure. Elle scruta la cime des eucalyptus, puis elle arpenta les bords de la rivière. Mais elle ne vit aucune trace de koala, et retourna, déçue, vers la tente.
– Alors, tu as trouvé quelque chose ? lui demanda sa mère en lui tendant un bol de chocolat chaud.
– Non ! Pourtant, je suis sûre qu'ils sont tout près !
Les koalas avaient dû se réfugier dans les plus hautes branches pour se protéger du soleil et dormir tranquillement.
Dépitée, Cathy aida Karine à démonter la tente.
À huit heures, la jeune femme leur montra le chemin sur la carte :

– Nous devons traverser la forêt et passer par ce défilé pour atteindre la réserve animalière du Pic bleu.

Cathy partit en tête. Elle marchait allégrement sur le sentier couvert de feuilles, faisant fuir des lézards rayés et des échidnés. De temps en temps, Karine lui indiquait le nom d'une fleur ou d'un animal. Mme Hope suivait derrière, à son rythme.

Cathy s'arrêta pour contempler un flanc de montagne recouvert d'arbres. Çà et là, des pitons rocheux étendaient leurs ombres et des torrents aux reflets argentés couraient le long des parois.

– On est bientôt arrivées ? demanda-t-elle.

– Tu vois ce grand rocher qui ressemble à une lame de couteau ? La plaine qui s'étend de l'autre côté, c'est le parc national. Nous y sommes presque ! dit Karine avec entrain.

7

Elles atteignirent rapidement le rocher pointu et s'engagèrent dans une route étroite. Un panneau planté là annonçait :

Réserve naturelle du Pic bleu.
Tous les visiteurs sont priés de prendre contact avec le garde forestier.
Attention aux kangourous.

– Ouf ! Nous y sommes ! s'exclama Cathy.

Karine les conduisit à travers un terrain broussailleux, au bout duquel se trouvait une maison en bois. Un homme trapu aux cheveux frisés les accueillit.

– Bonjour, Mike ! dit Karine. Je te présente Emily et Cathy Hope. Elles viennent d'Angleterre. J'ai promis à Cathy qu'elle verrait ici son premier koala !

– Enchanté ! fit Mike. Tu tombes bien ; ma fille, Cherry, connaît tous les endroits où ils vivent. Mais je ne te garantis rien pour cet après-midi, Cathy, car ces animaux n'aiment pas trop le soleil.

Il les aida à monter à l'arrière du 4 x 4.

– Bonjour, dit timidement Cherry, qui était déjà assise dans la voiture.

Elle était aussi petite et menue que son père était costaud. Ses cheveux noirs et bouclés encadraient un joli visage parsemé de légères taches de rousseur. Elle avait de grands yeux gris.

– Bonjour, Cherry ! répondit Cathy en se cramponnant à une barre de sécurité alors que le véhicule démarrait.

En route, ils croisèrent des dizaines de kangourous, qui paissaient dans la prairie. Des meutes de chiens sauvages, au poil jaune tirant sur le marron, vagabondaient également dans la brousse. À leur approche, l'un d'eux leva la tête et émit un hurlement pour prévenir les autres. Ils dressèrent tous leurs oreilles et pointèrent leur museau en les regardant passer.

– Ils sont méchants ? s'inquiéta Cathy.

– Ils n'aiment pas beaucoup les hommes, mais ils ne les attaquent pas.

– Où allons-nous maintenant ? demanda Mike en se tournant vers sa fille.

– Prends à gauche, en direction du sommet, lui indiqua Cherry.

Le 4 x 4 s'engagea sur un chemin étroit et caillouteux qui grimpait au milieu des eucalyptus.

– Là-haut vit toute une colonie de koalas. Ils se nourrissent uniquement de feuilles de gommiers tachetés, expliqua Cherry.

– Ah bon ? s'étonna Cathy. Je croyais que les koalas ne mangeaient que les feuilles des gommiers-menthe ou des eurabbies.

– Ils ont des goûts très précis ! Ce qui est drôle, c'est que ces arbres sentent tous la même chose. Les gommiers tachetés, les

eurabbies et les gommiers-menthe sont tous des eucalyptus.
Arrivé dans une petite clairière, le père de Cherry arrêta la voiture. Il y avait suffisamment d'ombre et de nourriture pour une colonie de koalas.
– Où sont-ils ? Je n'en vois aucun, se plaignit Cathy.
– Un peu de patience, murmura Karine.
Ils s'assirent sur un tronc d'arbre abattu et attendirent en silence.
Au bout de cinq minutes, une tête aux oreilles pointues apparut en haut d'un arbre.
– Là ! chuchota Cherry.
– Il est trop mignon ! souffla Cathy. Tu crois qu'il va descendre ?
Comme pour répondre à sa question, l'animal se laissa glisser lentement le long du tronc. C'était une femelle qui portait un bébé sur son dos. Quand elle toucha le sol, elle les regarda brièvement, puis se mit à lécher la terre.
– On pense qu'ils font ça pour digérer leur nourriture, précisa Karine, mais aucune

étude n'a réussi à présent à le prouver.
D'autres koalas descendirent alors paresseusement des arbres, dans l'espoir de recevoir quelque gâterie. Cathy les dévorait des yeux :
– Ils ne sont pas très farouches !
– C'est parce qu'ils ont l'habitude de nous voir. Ils ont confiance.
Cherry se leva et marcha calmement vers la maman koala. Elle se pencha sur son bébé pour le caresser. La mère se tourna et étendit les bras pour qu'on la prenne. Elle se pelotonna contre la poitrine de Cherry et s'assoupit.
– Prends le bébé, murmura la jeune fille à Cathy, qui l'avait rejointe, mais attention à ses griffes !
Cathy attrapa doucement la petite créature agrippée au dos de sa mère. Sa fourrure était brune et soyeuse. Il avait des yeux ronds comme des billes, des joues rebondies et des oreilles touffues. Il s'accrocha à la jeune fille et la regarda en penchant la tête. On aurait dit qu'il lui souriait.
– Oh ! fit Cathy, émue.

Elle appuya sa joue contre celle de l'animal. Il s'était installé confortablement et semblait sur le point de s'endormir.

– Regarde sa poche, dit Cherry en leur montrant le ventre de la maman koala. Elle s'ouvre par le bas, alors que celle des kangourous s'ouvre par le haut.

– Le petit doit avoir un an, ajouta Mike. Il ne va pas tarder à quitter sa mère.

Cherry posa délicatement la femelle sur le sol, et Cathy lui rendit son bébé. La maman koala s'éloigna, le petit se balançant sur son dos. Elle s'arrêta au pied d'un eucalyptus d'une vingtaine de mètres, planta ses griffes dans le tronc, et, en quelques bonds, gagna une branche élevée.

– Je vous montrerai d'autres colonies demain, proposa Cherry. Cette nuit, nous pourrions camper à Glen Ives, juste en dehors du parc. Une mine de diamants a été ouverte, là-bas.

– De vrais diamants ? s'enthousiasma Cathy. Tu en as déjà trouvé ?

– Non, mais je ne désespère pas !

8

– Voyons si c'est notre jour de chance ! dit Cherry en courant vers la rivière.
Mme Hope avait enlevé ses chaussures et trempait ses pieds endoloris dans l'eau fraîche. Cherry et Cathy s'agenouillèrent et entreprirent de trier frénétiquement les cailloux. Karine les observait, amusée.
De temps en temps, l'une des filles poussait un cri de joie, suivi d'un grognement dépité. Les petites pierres brillantes, soigneusement séparées des autres, marron et ternes, se révélaient être de vulgaires cailloux.

Quand la lumière du soleil commença à décliner, toutes les quatre se rendirent au seul bar de Glen Ives. Un groupe originaire du Queensland, au nord-est de l'Australie, entama une chanson.

Cathy apprécia cette ambiance chaleureuse, bercée par des accords de guitare. Karine se mit à discuter et à plaisanter avec l'un des chanteurs. Brusquement, le ton de la conversation devint plus sérieux.

– Ce n'est pas possible ! s'exclama la jeune femme.

– Je t'assure ! C'est ce que l'on m'a raconté.

– Vous avez entendu ça ? fit Karine en se tournant vers ses amies. Il paraît qu'une compagnie minière va s'installer dans la région ! Il ne s'agira plus simplement de petites carrières ici ou là, mais d'une exploitation à grande échelle.

– Tu étais au courant ? demanda Cathy à Cherry.

– Hélas, oui. Ils ont eu l'autorisation le mois dernier. Ils vont construire une

nouvelle route. Papa est très en colère.
– Mais la route ne va quand même pas traverser le Pic bleu !
– Bien sûr que non. Le parc est une zone protégée. Ils seront obligés de le contourner par le nord.
– Et ils ont le droit de développer une industrie à côté d'un parc national ? s'étonna Mme Hope.
– Tant qu'ils ne pénètrent pas à l'intérieur, oui, répondit tristement Cherry. Le pire, c'est qu'ils vont couper des dizaines d'arbres.
Les quatre amies regagnèrent en silence leur camp de base. Elles se blottirent devant leurs tentes et regardèrent les étoiles.
– Quelle horreur ! soupira Karine, effondrée. Des arbres rares seront abattus. Il me semble qu'il y a des gommiers tachetés et des jarrahs de ce côté-ci, non ?
– C'est exact. Heureusement, beaucoup de gommiers tachetés poussent dans la réserve. Nous allons transporter les koalas au Pic bleu. Par contre, il n'y a aucun jarrah…

Cherry s’interrompit, la gorge nouée.
– Or, les koalas ne peuvent pas changer de régime alimentaire, poursuivit Karine.
– Mais alors, ils vont mourir de faim ! souffla Cathy.

9

Karine et Mme Hope dormaient profondément. Cathy et Cherry chuchotaient dans la pénombre, préparant un plan de bataille.
Elles devaient tout d'abord vérifier si les craintes de Cherry étaient justifiées. Si une colonie de koalas vivait dans des jarrahs au nord de Glen Ives, il fallait qu'elles sachent combien exactement étaient en danger.
– Papa a répertorié tous les gommiers avec les autres gardes forestiers, expliqua Cherry, et il croit avoir aperçu des koalas dans les jarrahs.

– Si on y allait maintenant, avant que le soleil ne se lève ? suggéra Cathy.
– Oui, tu as raison. Les koalas ne se montrent plus dès qu'il fait chaud.
Cathy était déjà en train de s'habiller.
– C'est loin d'ici ?
– Non, pas trop. À deux kilomètres environ.
Les deux amies se glissèrent dehors sans faire de bruit. Autour d'elles, la nature était silencieuse.
– Attends, je vais laisser un mot à maman et à Karine.
Cathy fouilla dans son sac, en sortit un crayon et un bloc-notes, et griffonna quelques lignes. Avec une épingle de nourrice, elle accrocha le mot sur la toile de la tente.
– Allons-y, murmura-t-elle.
Elles s'engagèrent sur un sentier qui menait au village. Elles traversèrent la place principale, déserte et lugubre dans la brume matinale, et elles prirent un chemin étroit conduisant à la rivière où elles s'étaient amusées à chercher des diamants. Elles

sursautèrent quand un martin-chasseur claqua du bec et battit des ailes.
Elles longèrent le cours d'eau pendant un moment. Cherry marchait à grandes enjambées en écartant les fougères avec un bâton pour se frayer un passage.
– C'est ici ! s'exclama-t-elle soudain.
Elle désignait un alignement de piquets reliés par un ruban rouge et blanc.
Les deux jeunes filles pénétrèrent dans la forêt en suivant le ruban. Cathy eut la sensation que des yeux les observaient. Elles ralentirent pour identifier les arbres quand elles aperçurent un koala qui passait tranquillement d'un tronc à un autre. Elles en découvrirent un deuxième, puis un troisième, et bientôt toute une colonie.
Cherry examina les eucalyptus sur lesquels les koalas avaient choisi de vivre.
– Gommiers tachetés ! s'écria-t-elle. On en a dans la réserve !
Cathy poussa un soupir de soulagement. Au moins, cette colonie pourrait être sauvée sans problème.

Elles poursuivirent leur chemin et tombèrent sur des arbres grands et droits. Cherry frappa avec sa paume le tronc de l'un d'entre eux et leva les yeux vers la cime.

– Ce sont des jarrahs ? demanda Cathy, anxieuse.

– Oui, mais heureusement je ne vois aucun koala sur celui-ci.

Elles passèrent rapidement de l'un à l'autre tout en observant les branches.

– Qu'est-ce qu'ils ont de particulier, ces jarrahs ?

– Je ne sais pas vraiment. C'est un type de bois très résistant que l'on trouve principalement dans le Queensland.

– Regarde !

Un vieux mâle koala descendait lentement la colline. Il s'arrêta pour lécher la terre et arracher au pied d'un arbre une pousse de bourgeons. Il remarqua la présence des deux filles et s'avança dans leur direction en remuant les oreilles. Cherry s'agenouilla pour lui gratter le crâne.

– Salut, petit père, chuchota-t-elle.

Elle examina la pousse que l'animal était en train de manger.
– Ce sont des feuilles de jarrah ! s'exclama-t-elle d'une voix rauque.
Quelques instants plus tard, un couple de jeunes koalas apparut au sommet d'un arbre. Une petite tête ébouriffée dépassait de la poche de la femelle.
– Un, deux, trois, compta Cathy, et quatre avec le bébé.
– Cinq, six…, enchaîna Cherry.
Pas très loin, une autre femelle était assise sur une branche, les jambes pendantes ; à côté d'elle, un jeune se faisait les griffes.
En tout, elles comptèrent dix koalas, deux mâles, cinq femelles et trois bébés. Elles regardèrent, attendries, le petit ouvrir grand sa bouche et sa mère lui donner à manger. Elle ne le nourrissait plus de son lait, mais d'aliments qu'elle avait prédigérés.
– Dix, répéta tristement Cherry.
– On retourne au Pic bleu pour prévenir ton père ! décida Cathy. Il connaît peut-être un endroit où nous pourrons les installer.

Pleines d'espoir, elles rentrèrent au campement. Elles trouvèrent Karine et Mme Hope penchées sur la carte, en train de discuter de leur prochaine étape.
– On commençait à s'inquiéter ! les réprimanda Emily Hope.
En apprenant qu'il existait une colonie de koalas vivant dans les jarrahs, elles changèrent aussitôt leurs projets. Elles devaient concentrer tous leurs efforts pour tenter de sauver les animaux.

– Ne me dites pas que vous avez fait fortune ! s'exclama Mike, un large sourire aux lèvres, en les apercevant de loin.
Il se tenait devant sa maison avec une jeune femme.
– Oh non ! répondit sa fille. Au contraire, on a une mauvaise nouvelle. Ce matin, Cathy et moi, nous avons vu des koalas dans les jarrahs ! Nous en avons compté une dizaine.
– Vous en êtes sûres ? demanda Mike, le visage sombre.

Les deux filles acquiescèrent.

– Est-ce que nous ne pourrions pas convaincre les ouvriers de ne pas commencer les travaux avant que nous ayons transporté la colonie ailleurs ? suggéra Cathy.

Mike secoua la tête :

– Le moindre retard dans la construction de cette route coûterait trop cher aux entrepreneurs. Ils doivent commencer lundi, et rien ne les arrêtera !

– Il ne nous reste plus que trois jours ! s'affola Cathy.

– Miriam et moi, nous allons transférer au Pic bleu tous les koalas que nous trouverons. Ce matin, nous en avons déjà ramené cinq. Nous y retournons au coucher du soleil et nous essaierons d'en capturer une douzaine.

– Et pour les koalas qui se nourrissent de feuilles de jarrahs ? demanda Cathy.

– Les premiers jarrahs se trouvent à des milliers de kilomètres d'ici, dans la région du Queensland. Je n'en connais pas dans la

réserve, soupira le père de Cherry.
– Et à l'ouest ? s'enquit Karine.
– Ce sont les montagnes et le désert, cela représente des heures et des heures de recherche, répondit Mike.
– Il n'est pas question de rester les bras croisés ! s'exclama Cathy.
Il devait bien exister une solution ! Elle réfléchit. Et si elle rentrait rapidement au centre ? Là, elles emprunteraient le 4x4 et fonceraient vers les montagnes, à l'ouest. Elles passeraient alors tout le week-end à ratisser la région pour trouver quelques jarrahs. Ils n'auraient plus qu'à y emmener les koalas.
Cathy fit part de son idée à tout le monde. Elle parla d'une traite. Personne ne soufflait mot.
Karine finit par hocher la tête en signe d'approbation.
– Génial ! s'exclama Cathy. Cherry, il faut que tu nous aides ! Je suis sûre qu'il y a sur les pentes des monts Warragerri de grandes forêts encore inexplorées. Tu es celle qui

connaît le mieux la région. Tu veux bien nous accompagner ?
Cherry releva le menton.
– Évidemment ! Jamais je n'abandonnerai mes koalas ! lança-t-elle.
L'entrain de Cathy redonna courage à tout le monde. Même les doutes de Mike semblaient s'être évanouis.
– Le car pour Eurabbie passe à midi, dit-il en consultant sa montre. Allez ! Montez vite ! Ne le ratez pas !

10

La route était longue ; il fallait contourner les collines escarpées et traverser d'immenses plaines. Ils arrivèrent avant midi sur les bords de la rivière Warraburra. Mike les déposa à l'arrêt du car et leur souhaita bonne chance après avoir serré sa fille dans ses bras.

Il n'y avait personne sur la route. Elles s'assirent sur le bas-côté et attendirent.

– Le voilà ! s'écria Karine, qui scrutait la piste.

Le car apparut et s'arrêta juste à leur niveau.

– Bonjour ! Vous avez des ampoules ? plaisanta le chauffeur en les reconnaissant.

Cathy se laissa bercer par le balancement du véhicule. Elle entendit vaguement le chauffeur dire à sa mère que le vent du sud n'allait pas tarder à souffler.

– Vous voyez ce nuage ? demanda-t-il en pointant son doigt vers l'horizon.

– Mmm, pas vraiment, avoua Mme Hope.

– Regardez bien, il y a comme une tache sombre. C'est le signe que la tempête va se lever. Je suis certain que nous serons dedans avant d'arriver à Eurabbie.

Bientôt, en effet, des nuages de couleur mauve s'amoncelèrent au-dessus de la plaine. Puis les premières gouttes de pluie tombèrent.

En quelques secondes, le vent se déchaîna, et ils se retrouvèrent pris dans une tempête. Le chauffeur dut s'arrêter.

Ce contretemps rendit Cathy encore plus nerveuse ; elles n'avaient que trois jours pour accomplir leur délicate mission ! Chaque minute était précieuse.

Au bout d'une demi-heure, brusquement, le ciel s'éclaircit. Le chauffeur redémarra.

– Quand arrive-t-on à Eurabbie ? lui demanda Cathy.

– Dans une petite heure.

La tempête ne semblait pas l'avoir beaucoup perturbé. Il donna un coup d'essuie-glaces et reprit tranquillement la route.

– Ce vieux tacot ne peut donc pas avancer plus vite ! grommela la jeune fille.

– Calme-toi, ma chérie, lui conseilla sa mère, le visage souriant. Nous ne pouvons rien faire pour le moment.

– J'admire ta patience ! marmonna Cathy.

– Ça alors ! Vous revenez plus tôt que prévu ! s'étonna M. Hope lorsqu'elles arrivèrent à la clinique de Mitchell Gap.

Il les conduisit dans la maison tout en écoutant les explications de Cathy.

– Si je comprends bien, tu t'es encore trouvé une opération de sauvetage ! commenta-t-il. Bon, on va discuter de tout ça à table !

Cathy, Mme Hope, Cherry et Karine plongèrent dans la piscine tandis que M. Hope leur préparait une délicieuse salade. Ils mangèrent sur la véranda.

– Vous savez quoi ? fit M. Hope pour leur changer les idées. La femelle ornithorynque a pondu ses œufs. Elle ne cesse pas d'entrer dans son terrier et d'en sortir. J'ai passé une soirée entière à l'observer. Pourquoi n'irais-tu pas la guetter avec Cherry, Cathy ?

Les deux amies se levèrent d'un bond et s'élancèrent vers la rivière. Elles scrutèrent les racines du vieil acacia, mais ne parvinrent pas à repérer l'entrée du terrier. Elles devaient attendre patiemment que la créature veuille bien sortir.

Cathy se sentait partagée entre le désir de revoir le curieux animal au bec arrondi et celui de partir au plus vite pour les monts Warragerri.

– On va revenir un autre jour, proposa-t-elle à Cherry.

– Oui, nous n'avons pas de temps à perdre.

Elles retournèrent en toute hâte vers la

véranda. Elles y trouvèrent les Simpson, venus rendre visite aux nouveaux vétérinaires. John était assis au bord de la piscine, les jambes dans l'eau.

– Salut ! Vous n'avez pas envie de faire du surf ?

– Pas maintenant, répondit Cathy en s'asseyant à côté de lui. Nous partons dans les montagnes pour sauver des koalas.

John la regarda :

– Comment ça ?

Elle lui expliqua leur projet en détail.

– Ce serait sympa que tu nous aides. Si tu n'es pas trop occupé à surfer, bien sûr ! ironisa-t-elle.

Elle soupçonnait John de n'être pas aussi indifférent qu'il s'en donnait l'air. N'avait-il pas pris des risques pour libérer un serpent venimeux ?

– Il faut être nombreux pour couvrir une plus grande étendue.

– Mais ces montagnes sont à des kilomètres de la plage ! Je ne pourrai même pas me baigner !

– Il y a de magnifiques chutes d'eau !

Le garçon réfléchit tandis qu'elle le fixait intensément.

– C'est d'accord. Après tout, les vagues seront encore là à mon retour !

Les mains dans les poches, il traversa le jardin pour aller prévenir ses parents.

11

Le soleil s'était couché depuis longtemps. Ils étaient partis en fin d'après-midi et n'avaient depuis cessé de rouler.

Karine remplaça Mme Hope au volant. Il était neuf heures et demie. Dans la nuit noire résonnaient par moments d'étranges cris d'animaux.

Cathy, penchée par la fenêtre, les cheveux au vent, contemplait les étoiles. Soudain, elle aperçut une masse confuse qui s'agitait. C'était une horde de kangourous qui se dirigeait en bondissant vers la route.

– Attention ! Freine, Karine, freine ! hurla Cathy.

Le chef de la horde, un grand kangourou, semblait hypnotisé par les phares. D'un bond, il sauta hors des broussailles dans leur direction.

Karine appuya brutalement sur la pédale de frein. Les roues crissèrent sur les cailloux et la voiture dérapa vers la gauche.

– Accrochez-vous ! cria Mme Hope.

Cathy, Cherry et John s'agrippèrent aux arceaux de sécurité. Il y eut une forte secousse, et le moteur s'arrêta d'un coup. La voiture était penchée dans le fossé : les phares éclairaient les broussailles et la roue avant droite tournait dans le vide.

– Personne n'est blessé ? lança Mme Hope.

– Non, non, répondirent-ils en chœur.

– J'en ai écrasé un ? demanda Karine d'une voix angoissée.

– Non, la rassura Cathy, qui s'était retournée pour voir la trentaine d'animaux s'enfuir dans un nuage de poussière. Ils sont tous sains et saufs.

– Comment allons-nous nous sortir de là ? s'inquiéta Cherry.
– Mettez-vous sur le côté droit pour que les quatre roues touchent le sol, ordonna Karine, qui avait repris ses esprits.
Ils changèrent de place prenant avec eux les tentes et les sacs à dos pour faire contre-poids. Le 4 x 4 retrouva sa position normale. Karine tourna la clé de contact, vérifia les phares, passa la marche arrière, accéléra doucement et sortit la voiture du fossé.
– Nous voilà sur la terre ferme, dit-elle en poussant un soupir de soulagement.
– Regardez ! s'écria John.
Sur le bas-côté, un panneau signalait en lettres rouges : Attention aux kangourous.
Ils éclatèrent de rire. Puis Karine félicita Cathy pour son œil de lynx. La jeune fille rougit.
– Et si nous nous arrêtions pour camper ? suggéra Emily Hope. Nous avons eu assez d'émotions comme ça.
Ils acquiescèrent et cherchèrent un endroit plat où planter la tente. Karine ralentit et,

bientôt, ils trouvèrent le lieu idéal : un petit lac où venait se jeter une rivière.

Ils installèrent leur campement et mangèrent avant de se glisser dans leurs sacs de couchage, exténués.

– Faites de beaux rêves ! murmura Mme Hope.

Bercés par le bruissement de l'eau, ils s'endormirent très vite.

Ils se levèrent avant l'aube, s'aspergèrent le visage d'eau fraîche et prirent un thé chaud en avalant quelques tartines. À cinq heures, ils étaient fin prêts pour partir dans la brume en direction des montagnes.

Ils voulaient couvrir une étendue aussi vaste que possible pour trouver des jarrahs. Ils devaient chercher de grands arbres au tronc lisse et ne pas les confondre avec les gommiers tachetés, à l'écorce écailleuse et inégale.

– Les feuilles sont plates et en forme de lance, leur rappela Cherry. Elles sont aussi brillantes et un peu dures.

Au pied des montagnes, Karine quitta la

route principale et s'engagea sur une piste cahoteuse.

– Nous voici hors des sentiers battus, au cœur de la forêt ! s'écria-t-elle.

Lorsqu'elle estima qu'ils étaient montés suffisamment haut, elle gara la voiture dans une petite clairière. Autour d'eux, les arbres formaient comme un toit de verdure.

– À neuf heures pile, nous nous retrouvons ici pour faire le point, déclara Karine. N'oubliez pas que vous pouvez utiliser votre boussole. Et soyez attentifs !

Ils se séparèrent. Karine partit à l'est, Mme Hope et Cherry à l'ouest, John et Cathy au nord.

Cathy avançait derrière John en scrutant la forêt. Une heure et demie passa, sans qu'ils aient trouvé un seul jarrah. L'heure de retourner à la voiture approchait. Cathy se sentit envahie par le doute. Elle releva la tête. Ils étaient entourés de gommiers, qui semblaient s'étendre sur des centaines de kilomètres à la ronde.

Et s'ils cherchaient toute la journée sans rien

trouver ? S'il n'y avait aucun jarrah dans la région ?

Un léger mouvement dans les branchages attira l'attention de Cathy.

– Regarde ! souffla-t-elle à John.

– Quoi donc ?

– Là, en haut ! Il y a un animal qui nous observe avec ses grands yeux. Il a une queue touffue comme celle d'un écureuil. Tu le vois ?

– Oui, c'est un phalanger volant, répondit le garçon.

L'animal descendit lentement le long du tronc de l'arbre, puis s'arrêta pour dénicher quelques vers dans l'écorce. Ses pattes avant ressemblaient à des mains. Il était gris argenté avec une bande noire sur le dos. Sa queue était aussi longue que le reste de son corps. Cathy le trouva beau avec ses oreilles dressées et son nez retroussé.

Le phalanger les regarda de nouveau et agita sa queue.

– J'ai l'impression que nous l'empêchons de manger, dit John.

L'animal fit alors quelque chose de très surprenant : il se ramassa sur lui-même et, d'une fabuleuse détente, il s'élança dans les airs.
Cathy recula en heurtant une grosse pierre dans les fougères. Le phalanger avait déployé la peau entre ses pattes avant et arrière, ce qui lui permettait de planer. On aurait dit une raie géante glissant d'un arbre à l'autre.
– Tu as vu ça ? s'exclama la jeune fille, émerveillée.
John se tourna vers elle, et il pâlit :
– Ne bouge surtout pas, Cathy !
Au ton de sa voix, elle comprit qu'il fallait obéir. Elle regarda au sol et resta pétrifiée. Une forme marron rampait entre les fougères.
– Qu… qu'est-ce que c'est ?
– Pas un geste ! C'est un « roi marron ». Tu l'as dérangé.
– Il va me mordre ? fit la jeune fille d'une voix étranglée.
Le reptile s'était dressé : il sortait et rentrait

la langue d'un air menaçant. Cathy commençait à avoir mal aux jambes. La sueur perlait sur son front.

– Tu peux encore tenir comme ça ?

– Oui, oui, affirma-t-elle, sans quitter le reptile des yeux.

Elle guettait le moindre mouvement du serpent. Immobile, elle tourna les yeux vers John et le vit ramasser rapidement une branche fourchue.

– Vite ! souffla-t-elle en voyant la tête du serpent s'approcher dangereusement.

– Quand je te dirai : « Saute ! », tu bondiras en avant, d'accord ?

– Oui. Mais, je t'en prie, ne le rate pas.

– Prête ?

Elle baissa légèrement les yeux.

– Saute ! cria le garçon en s'élançant vers le serpent, le bâton en avant.

Le reptile se tordit, la tête coincée sous la fourche, tandis que Cathy roulait plusieurs fois à terre avant de se relever.

– Tout va bien ?

– Oui ! Il est encore là ?

– Non, il est parti vers ce gros rocher. Nous avons eu beaucoup de chance.
D'un coup, Cathy se sentit épuisée. Ses jambes se mirent à trembler. Elle respira profondément :
– Merci beaucoup ! Tu m'as sauvé la vie.
– Une chance que je n'étais pas en train de faire du surf ! la taquina le garçon. Et si nous retournions à la voiture ?
– Oui, approuva Cathy. Peut-être que les autres auront trouvé des jarrahs.

12

Karine fut la dernière à rejoindre leur point de rendez-vous. Il était neuf heures dix.

– J'ai passé en revue tous les arbres de cette montagne, déclara-t-elle. Il y a des frênes de plus de vingt-cinq mètres, des dizaines et des dizaines d'acacias, mais pas un seul jarrah !

– Et maintenant, où allons-nous ? demanda Cathy, qui ne s'avouait pas vaincue.

Karine mit sa main en visière et inspecta les environs.

– Cherry, crois-tu que nous aurons plus de

chances d'en dénicher sur les hauteurs ?
– Non, au contraire, répondit la jeune fille. Les jarrahs poussent dans des régions chaudes et humides.
– S'ils aiment la chaleur et l'humidité, remarqua Cathy, il vaudrait mieux descendre et nous diriger vers les pentes où il pleut plus souvent.
– Ce serait donc le versant est, conclut Karine. Le vent du sud vient de l'océan et souffle à l'est des monts Warragerri.
– Alors, allons-y ! décida Mme Hope en s'installant au volant. En contrebas, il y a une rivière qui coule jusqu'au fond de la vallée. L'endroit rêvé pour nos jarrahs !
Le 4 x 4 pénétra dans la forêt vierge ; les roues patinaient et le moteur renâclait. La chaleur du soleil était de plus en plus intense.
Dans les branches des eurabbies qu'ils venaient de dépasser, ils aperçurent soudain des traînées rouges. C'étaient deux écureuils volants qui paraissaient les suivre de loin.
– Qu'ils sont agiles ! s'extasia Mme Hope,

fascinée par les sauts de ces animaux.

– Attention à la route, maman ! s'écria Cathy en voyant un échidné avancer au milieu de la piste.

À l'approche de la voiture, l'animal avait senti le sol trembler et s'était mis en boule. Emily Hope écrasa la pédale de frein. Le véhicule dérapa violemment en projetant des paquets de boue, et finit sa course folle à un mètre de l'échidné.

– Ouf! s'exclama Cherry. Il était moins une !

Mme Hope coupa le moteur. L'étrange créature reprit progressivement sa forme normale, renifla la boue à la recherche de fourmis et se remit à trottiner.

– Cette forêt est pleine d'animaux fabuleux ! s'émerveilla Cathy.

Au même moment, des cacatoès blancs à crête jaune s'envolèrent en poussant des cris.

Un peu plus loin, John leur signala parmi les broussailles un oiseau-lyre qui faisait la roue.

– C'est plutôt bon signe, expliqua-t-il.

– Comment cela ? demanda Cathy, éblouie par la danse de l'oiseau.
– Généralement, on les trouve dans la forêt tropicale.
– Comme les jarrahs ?
John approuva de la tête.
Dans la vallée, la végétation était différente. Autour du tronc des arbres s'enroulaient des plantes grimpantes et de larges feuilles pendaient des branches. L'air était plus lourd et imprégné de la senteur des fleurs.
– C'est magnifique ! souffla Mme Hope en arrêtant la voiture.
Ils se trouvaient au milieu de gommiers, de palmiers et de fougères géantes. La forêt était si dense qu'il y faisait sombre.
– On sent beaucoup plus l'humidité, ici, dit Karine. C'est le moment d'ouvrir grand nos yeux !
Ils partirent de nouveau à la recherche des jarrahs : John avec Mme Hope, Cherry avec Cathy, et Karine seule de son côté. Ils décidèrent de se retrouver régulièrement.
Les heures passèrent. La lumière déclinait

rapidement sous la voûte épaisse des arbres. Exténuées, Cathy et Cherry marchaient en silence dans l'obscurité grandissante, regardant de tous côtés.

– Attends ! fit Cherry en s'arrêtant soudain.

Cathy se retourna vers son amie. Celle-ci agitait le bras en direction d'un ruisseau en contrebas.

– Qu'est-ce qu'il y a ?

– Je crois que ce sont des jarrahs !

Les deux jeunes filles descendirent dans le ravin en s'agrippant aux fougères. Elles remontèrent sur l'autre versant pour atteindre une clairière qui résonnait des cris d'alarme des martins-chasseurs. De grands arbres massifs à l'écorce lisse s'élançaient vers le ciel.

– Victoire ! Des jarrahs !

Elles rebroussèrent chemin en courant pour annoncer la nouvelle.

S'éclairant à l'aide d'une lampe torche, Karine fit une croix rouge sur la carte et, pour plus de sûreté, vérifia leur position sur sa boussole. Avec ce qui leur restait d'énergie, ils montèrent les tentes puis ils se glissèrent dans leurs sacs de couchage.

– Alors, tu ne regrettes pas ton week-end de surf ? demanda Cathy à John en souriant.

– Oh, bien sûr que non !

13

Le lendemain, ils arrivèrent au parc national juste après l'heure du déjeuner. Alors que Mike sortait pour les accueillir, les têtes de Cathy, Cherry et John apparurent par le toit ouvrant du 4 x 4.

– Nous avons trouvé des jarrahs ! hurlèrent-ils en chœur.

Karine se gara et ils sautèrent de la voiture.

– Formidable ! les félicita Mike.

Il embrassa sa fille.

– Et vous, comment ça c'est passé ? demanda Karine.

– Nous n’avons pas arrêté ! Nous venons juste de relâcher huit koalas dans le parc. Il nous reste encore deux allers-retours. Nous pensons en ramener huit ou dix à chaque voyage.
– Crois-tu que vous aurez le temps de vous occuper de notre colonie ? s’enquit Cherry avec inquiétude.
– Nous ferons notre possible, répondit Mike. Je vous le promets.
Ils se mirent aussitôt à l’œuvre. John et Cherry allèrent chercher les cages destinées aux koalas, et Mme Hope les aida à les charger dans le 4 x 4. Cathy et Karine accompagnèrent Mike dans un appentis, à l’arrière du bureau.
– Espérons que vous n’aurez pas besoin de ça, murmura-t-il en leur tendant des cordes en nylon et des harnais de sécurité. Avec un peu de chance, les koalas viendront gentiment vers vous. Mais on ne sait jamais : vous serez peut-être obligés de grimper dans les jarrahs pour en attraper un ou deux.
Elles se chargèrent chacune d’une corde et

d'un harnais. Cathy vit une lueur d'angoisse passer dans les yeux de Karine.

– Pourvu qu'il ne faille pas en arriver là, murmura l'aide-soignante en se dirigeant vers la voiture.

– Pourquoi ? s'étonna Cathy.

– J'ai le vertige, lui confia Karine. Dès que je me retrouve à plus d'un mètre au-dessus du sol, je perds tous mes moyens !

Cathy en resta bouche bée. Jamais elle n'aurait imaginé que la jeune femme ait la moindre faiblesse.

Ils partirent sous le soleil brûlant de l'après-midi. Ils prirent une route étroite qui s'enfonçait dans la forêt et arrivèrent rapidement à Glen Ives.

– C'est ici que nos chemins se séparent, déclara Mike. Les jarrahs où vivent les koalas sont à peu près à un kilomètre à l'est. Nous, nous allons plus au sud. Bonne chance !

Quand ils arrivèrent au pied des grands eucalyptus, pas un koala n'était en vue.

– J'imagine que, par cette chaleur, ils sont

en train de dormir, dit Mme Hope en scrutant la cime des arbres.

Cathy aperçut bientôt une forme grise qui se balançait paresseusement tout en haut d'une branche. Puis elle entendit une sorte de grincement.

– Pourquoi ne s'approchent-ils pas, aujourd'hui ? demanda-t-elle.

– J'ai l'impression qu'ils crient différemment, remarqua Cherry. Comme s'ils se méfiaient.

Les minutes s'écoulèrent. La clairière était toujours déserte. Cathy observa une maman koala immobile sur une branche à une dizaine de mètres du sol. Ils entendirent au loin les cris d'un animal que Mike venait sans doute de capturer.

– Nous sommes là pour vous aider ! murmura Cathy.

De toute évidence, les koalas avaient peur… Cathy ne put s'empêcher d'imaginer le bruit des scies électriques, le vacillement des troncs, puis la chute des grands arbres. Demain, il serait trop tard.

14

– Bon, puisqu'ils ne veulent pas descendre, c'est nous qui monterons ! déclara Mme Hope d'un ton décidé.

Elle sortit de son sac le matériel d'escalade que Mike leur avait confié.

– Il n'y a que deux harnais, remarqua Karine.

– Oui, mais si nous parvenons à attraper la mère et son bébé, il y a des chances que le reste de la colonie suive.

Karine approuva et se saisit d'une corde. Elle la lança vers une branche haute, sans

réussir à l'accrocher. Après deux autres tentatives, la jeune femme parvint à enrouler la corde autour de la branche.
– J'y vais ! annonça Cathy courageusement. Je suis sûre que c'est le bébé que j'ai tenu dans mes bras l'autre jour. Peut-être qu'il me reconnaîtra et qu'il aura moins peur.
Mme Hope hésita. Cette ascension était dangereuse.
– Et je suis légère ! insista sa fille. Il faut que quelqu'un de plus lourd que moi reste en bas pour supporter mon poids, au cas où je tomberais.
– Je te suis ! enchaîna Cherry. Cathy a raison, nous sommes les plus légères. C'est nous qui devons grimper.
– D'accord, finit par dire Mme Hope. Mais, une fois que vous serez en haut, si les koalas ne veulent toujours pas descendre, ne prenez pas de risques. C'est compris ?
Les deux amies acquiescèrent. Elles bouclèrent leurs harnais et John les aida à atteindre la première branche de l'arbre. Puis elles commencèrent à grimper.

En voyant les jeunes filles monter, la maman koala et son petit changèrent de position.
– Venez ! chuchota Cathy. Nous ne vous ferons aucun mal.
– Awwgh ! cria la mère avant de s'éloigner un peu plus.
Cathy, qui se trouvait déjà à sept mètres de haut, regarda vers le sol. Elle indiqua à sa mère que tout allait bien, et elle continua de progresser au milieu de l'enivrante odeur d'eucalyptus.
– Nous avons dû escalader la moitié de l'arbre ! constata Cherry.
Dans un arbre voisin, un mâle poussa un cri perçant, qui alerta la mère et son petit. La femelle se mit à quatre pattes, planta ses griffes dans l'écorce et, en quelques bonds, se retrouva dans les hauteurs.
Cathy grogna de désespoir. Le koala poussa de nouveau un cri.
– Écoute ! s'exclama Cherry. Je crois que c'est la voiture de papa.
Cathy perçut le bruit d'un moteur qui se

rapprochait. C'était Mike qui revenait pour un dernier sauvetage. Autour d'elles, la colonie s'éparpillait dans les branches tandis que le mâle continuait de donner l'alarme.

Cathy se hissa un peu plus haut pour voir où étaient la mère et son bébé, mais ils avaient disparu.

– Ça va? demanda Mme Hope d'une voix inquiète.

– Très bien! répondit sa fille avec assurance. Ne tirez pas trop sur les cordes, nous montons encore.

Elles étaient maintenant à une quinzaine de mètres du sol. Les branches étaient plus fines et se balançaient légèrement au gré du vent. Cathy poursuivit sa montée. Soudain, une branche cassa sous son poids et elle se retrouva suspendue dans le vide.

– Cathy! cria sa mère, tandis que John courait l'aider à tirer sur la corde pour permettre à Cathy de s'accrocher à une branche.

– C'est bon! Pas de panique, lança-t-elle.

– N’allez pas plus haut ! ordonna Karine. Cela devient trop dangereux. Attendez un instant, et puis vous redescendrez, avec ou sans koalas.

– D’accord, répondit Cathy.

Elle respira profondément, prête à patienter une heure s’il le fallait. Les chances de sauver les koalas mangeurs de jarrah s’amenuisaient, mais elle refusait d’abandonner.

C’est alors que Cathy aperçut deux paires d’yeux brillants et craintifs au milieu du feuillage. Sans hésiter, elle avança dans leur direction.

Cette fois, la curiosité sembla l’emporter. La mère ne bougea pas en voyant les deux filles approcher et continua de grignoter de tendres bourgeons. Le bébé les observait même avec intérêt.

Soudain, Cathy entendit son amie pousser un cri de frayeur.

– Que se passe-t-il ? chuchota-t-elle.

– Ce n’est rien, répondit faiblement Cherry. J’ai regardé en bas, et j’ai été prise de vertige. Mais ça va.

– Tu es sûre ?
– Oui, oui.
– Ne bouge plus. De toute façon, la branche ne supporterait pas notre poids à toutes les deux.
Cathy sentait que son amie ne pouvait pas continuer. Un regard de plus vers le vide, et elle risquait de tomber.
– Je vais essayer d'attirer le bébé vers moi, puis je te le passerai. Ensuite, j'irai chercher la mère, d'accord ?
Cathy s'engagea sur la branche où se tenaient la maman koala avec son petit et s'étendit de tout son long ; elle les touchait presque !
Elle voyait distinctement l'épaisse fourrure grise de la maman, et le bébé avec ses joues rebondies, pleines de feuilles d'eucalyptus. La mère fit une grimace. Le petit tendit sa patte brune vers la jeune fille.
– Viens ! lui dit-elle doucement.
Le bébé quitta sa mère et avança sur la branche en se dandinant. Cathy put le toucher du bout des doigts. Sa mère poussa

un cri, mais sembla penser, elle aussi, que Cathy n'était pas si dangereuse. Elle se contenta de regarder son petit renifler les mains de la jeune fille et se blottir dans ses bras.

Osant à peine respirer, Cathy le serra contre elle. À cheval sur la branche, elle recula prudemment vers le tronc.

– Cherry ! murmura-t-elle. Prends-le, s'il te plaît !

Son amie se ressaisit et tendit les bras pour s'emparer du petit koala. Sa maman s'approcha alors calmement.

– Bonne petite mère, lui chuchota Cathy en lui grattant la tête. Suis-moi, nous allons rejoindre les autres.

Le petit dans les bras, Cherry commença à descendre en rappel, bientôt imitée par Cathy. Mme Hope, Karine et John suivaient des yeux leurs moindres mouvements.

La maman koala était trop lourde pour que Cathy puisse la prendre dans ses bras. Heureusement, elle descendit toute seule, le regard rivé sur son petit.

Karine détacha le harnais de Cherry tandis que John tendait au bébé des pousses de jarrah. Peu après, Cathy sentit la terre ferme sous ses pieds. Elles avaient réussi ! Elles avaient déjà sauvé deux koalas ! Et, dans l'obscurité grandissante, elle discerna d'autres formes grises qui descendaient des arbres.

15

Toute la colonie se rassembla peu à peu autour de la maman koala et de son bébé. Le premier à descendre fut le mâle qui avait donné l'alerte. Il s'approcha, saisit avidement les feuilles qu'on lui présentait et les fourra dans sa bouche. Il mâcha en poussant de petits grognements. Un autre mâle descendit alors. Il prit, lui aussi, les branches que John lui proposait, s'assit et en détacha délicatement les feuilles. Les quatre femelles descendirent ensemble. Deux d'entre elles portaient un petit accroché dans le dos. Un troisième, à peine recouvert de poils, les yeux à demi fermés, pointa le bout de son nez et rampa lentement hors de la poche de sa mère.

– Un autre bébé ! chuchota Cathy.

Elle sourit à sa mère. Tous les koalas étaient là. Avec le nouveau-né, cela faisait onze.

– Dans un premier temps, nous mettrons dans la cage les cinq femelles avec leurs petits, dit Karine. Ensuite, nous reviendrons chercher les deux mâles avant qu'ils ne s'échappent. Heureusement pour nous, ces animaux ne se déplacent pas très vite. D'accord ?

Chacun approuva en silence. Cathy savait que ce serait la partie la plus déplaisante de leur mission.

En effet, les koalas emprisonnés se mirent à pousser des cris déchirants et à pleurer. La jeune fille essayait de les rassurer. Mais comment leur faire comprendre que c'était pour leur bien ?

Mme Hope et Karine retournèrent chercher les deux mâles. Le chef de la colonie se dirigeait pesamment vers le tronc d'un arbre : Mme Hope le rattrapa facilement. Se retrouvant seul, le second s'arrêta dans sa fuite. Il roula sur lui-même et attendit, pétrifié par la peur.

Une fois qu'ils furent tous dans leur cage, Mme Hope les examina rapidement.

– Ils ont l'air en bonne santé. Ils devraient supporter le voyage sans problème.

Karine prit le volant. John s'assit à côté d'elle tandis que Cherry, Cathy et sa mère se serraient à l'arrière. Cathy se sentit soulagée en entendant la voiture démarrer dans la nuit. Ils espéraient atteindre Warragerri avant le jour pour y relâcher les koalas.

L'aube pointait à l'horizon. Une nappe de brouillard s'étendait sur les flancs du mont Warragerri. Dans la vallée, une horde de kangourous s'ébattait joyeusement, indifférente à l'arrivée du véhicule.

– Enfin ! murmura Cathy.

Malgré la nuit passée dans la voiture, elle se sentait pleine d'entrain. Dans quelques instants, les koalas retrouveraient la liberté. Cathy ressentit un léger pincement au cœur, mais elle était heureuse.

Ils descendirent avec précaution les cages de la voiture. À l'intérieur, les koalas se serraient les uns contre les autres.

– C'est par là, dit Cherry en montrant la clairière qui longeait le ravin.

La jeune fille les conduisit d'un pas sûr jusqu'aux jarrahs, qui se dressaient sous un ciel rose. Des oiseaux bleus, orange et rouges s'envolèrent à leur approche.

– Le moment est idéal ! chuchota Karine.

Cathy ouvrit la première cage et prit son bébé favori dans les bras.

La maman koala suivit la jeune fille, qui se dirigea vers le jarrah le plus proche.

– Te voilà arrivé ! murmura-t-elle en déposant le bébé à terre.

Elle s'éloigna de quelques pas et le regarda avec tendresse.

Le bébé attendit sa mère, puis se hissa sur son dos. Sur son museau, Cathy crut voir se dessiner un sourire. Alors la maman koala grimpa sur le tronc, flaira les premières feuilles, et continua de monter jusqu'à disparaître dans la cime de l'arbre.

Les autres koalas quittèrent leurs cages tour à tour. Le chef de la colonie s'avança paresseusement vers un autre jarrah, et lança son cri grinçant.

– Six, sept, huit, neuf, dix, onze, compta Cathy, en les voyant progressivement disparaître dans le feuillage. Mission accomplie ! ajouta-t-elle dans un soupir, partagée entre la joie et la mélancolie.

Lorsque le soleil se leva, plus un seul koala n'était visible.

– Allons, il est temps de rentrer, dit Mme Hope en prenant affectueusement sa fille par les épaules.

Au centre, M. Hope les attendait avec impatience… ainsi qu'une maman ornithorynque et ses petits.

FIN

EXTRAIT

Et voici une autre aventure
de Cathy et James
dans

PRINCE NE DOIT PAS COURIR !

S.O.S. ANIMAUX

5

Le goûter préparé par Mme Taylor était excellent. Cathy et James se régalèrent : ils mangèrent des brioches croustillantes, du chocolat et des petits fours maison.
– C'était vraiment délicieux ! s'exclama Cathy, quand ils eurent fini de manger.
Susan se leva avec indifférence et se tourna vers James :
– Est-ce que ça te dirait de voir mon nouvel ordinateur ?
Le visage du garçon s'éclaira. Il adorait les ordinateurs.
Ils montèrent tous les trois dans la chambre de Susan. Elle aussi était immense. Un tapis épais et moelleux recouvrait le sol, mais les

murs étaient nus : pas une affiche, pas une photo.
Cathy ne s'intéressait pas beaucoup à l'informatique, et elle trouva vite le temps long. Elle passa devant la fenêtre qui donnait sur la cour et s'arrêta net. Elle plissa le front : Prince était toujours dehors ! C'était très mauvais pour lui de rester ainsi immobile, sans soins, après avoir eu si chaud.
Cathy se glissa hors de la chambre aussi discrètement que possible. Elle descendit l'escalier en courant. Dans la cuisine, Mme Taylor s'affairait près du four. Elle se retourna quand Cathy entra.
– Madame Taylor, dit la jeune fille, je vais emmener Prince aux écuries et le bouchonner, si cela ne vous ennuie pas.
Mme Taylor la regarda et marmonna :
– Ce poney est encore là ? J'avais l'intention de chercher Jim après vous avoir servi le goûter, mais ça m'est complètement sorti de la tête. Allez-y, jeune fille, et

bouchonnez-le. D'autant qu'il a déjà un rhume… Du moins, c'est ce que dit mademoiselle Susan.

– Un rhume ? s'alarma Cathy.

Mme Taylor sortit un gâteau du four et le posa sur la table.

– Il tousse, paraît-il, mais je ne m'y connais pas en chevaux. Jim non plus, d'ailleurs.

Cathy traversa le vestibule en courant et sortit dans la cour. Un vent frais s'était mis à souffler. Elle s'approcha du poney et posa doucement la main sur sa robe. Elle était humide.

– Viens, mon beau, dit-elle en attrapant les rênes, suis-moi.

Elle trouva dans les écuries ce dont elle avait besoin : un nécessaire de pansage, du foin, de l'eau en abondance et de la paille.

Tout en admirant les stalles qui l'entouraient, Cathy se demanda si Prince ne regrettait pas le vieil appentis du verger de Mme Jackson, la brise qui murmurait dans

les arbres et l'odeur d'herbe tendre.
D'un geste rapide, elle retira la selle et le harnais du poney, et suspendit l'attirail à son crochet. Puis elle se mit à frotter énergiquement sa robe avec de la paille et, pour terminer, lui donna un bon coup de brosse.
– Voilà qui est mieux ! souffla-t-elle enfin, satisfaite.
Prince était sec à présent. Par deux fois, pourtant, il toussa.
Sans cesser de parler au poney, Cathy remit de l'ordre autour d'elle. Des grains de poussière s'élevaient du tas de foin et dansaient dans la lumière.
La silhouette d'un homme robuste se dessina alors dans l'encadrement de la porte restée ouverte :
– Bonjour, je suis Jim, le jardinier. J'ai entendu du bruit…
Cathy sourit :
– Moi, c'est Cathy, je suis une copine de classe de Susan. Je viens de bouchonner

Prince. Mais il a attendu longtemps dans la cour. J'espère qu'il n'a pas pris froid.
– Personne ne m'a averti qu'il était là. D'habitude, je le ramène à l'écurie dès que mademoiselle Susan a fini de le monter.
– Et vous le sortez quand il fait beau? demanda la jeune fille.
– Ça, elle ne veut pas ! C'est qu'elle y tient, à ce poney ! Il doit rester bien au chaud, dans l'écurie.
Cathy soupira et regarda Prince.
– Il a toussé plusieurs fois, lui apprit-elle.
Le jardinier hocha la tête :
– Mademoiselle Susan dit qu'il a pris froid. Peut-être… Je ne m'y connais pas beaucoup en chevaux. Si ça se trouve, il tousse à cause des travaux dans l'écurie. Elle a été repeinte, et la peinture fraîche a rendu les lieux humides.
– Ça a l'air d'aller, maintenant, poursuivit la jeune fille. Surtout évitez de le doucher ces jours-ci !

EXTRAIT

– Petite « mademoiselle-je-sais-tout », ironisa une voix derrière Cathy, qu'est-ce que tu fais ici, avec mon poney ?

Susan la considérait d'un œil noir, mains sur les hanches.

– Je l'ai simplement bouchonné, expliqua Cathy sans se laisser impressionner. Mme Taylor m'a dit qu'il avait pris froid.

Susan fronça les sourcils :

– C'est juste un petit rhume de rien du tout ! Quand je l'ai monté cet après-midi, il n'a pas toussé une seule fois.

Cathy insista :

– Prince a toujours été en bonne santé. Je pense que mon père devrait l'examiner par précaution.

– Écoute, je t'ai déjà demandé de ne pas te mêler de mes affaires. C'est mon poney, pas le tien. Tu n'as pas de conseil à me donner.

Cathy, rouge de colère, s'apprêtait à répliquer quand James apparut.

– On rentre ? proposa-t-il à son amie.

EXTRAIT

– D’accord, approuva celle-ci en s’efforçant de rester calme. Tu sais, Susan, je voulais seulement t’aider…

Susan toisa Cathy et se planta à côté de Prince avec un air de défi.

Cathy haussa les épaules et se dirigea vers la cour. Tout à coup, elle se retourna.

– J’allais oublier ! Papy demande si tu peux amener Prince pour essayer les obstacles du concours, demain, dit-elle, presque à regret. C’est pour vérifier si les distances sont bien calculées.

Susan avait passé ses bras autour de l’encolure du poney.

– On verra, répondit-elle.

EXTRAIT

Découvre vite la suite de cette histoire
dans

PRINCE NE DOIT PAS COURIR!

N° 319 de la série

S.O.S. ANIMAUX

ÉCRIS-NOUS !

Chère Lucy Daniels,

J'adore les animaux.
À la télévision, je regarde des émissions sur eux. Je fais aussi de longues promenades avec mon chien. C'est un labrador. Et quand je vais à la ferme chez mes grands-parents, je m'occupe des moutons et des lapins. Plus tard, j'aimerais être vétérinaire.

Thomas, 11 ans

RÉPONSE

Tu consacres en effet beaucoup de temps aux animaux. Continue à les aimer et n'hésite pas à les protéger. Et, qui sait ? Peut-être un jour pourras-tu faire le métier de tes rêves.

Courrier...

TOI AUSSI,
TU AIMES LES ANIMAUX ?

Si tu as envie

de nous confier les joies et les soucis
que tu as avec ton animal,

si tu veux

nous poser des questions
sur l'auteur et ses romans,
ou tout simplement nous parler
de tes animaux préférés,

n'hésite pas à nous écrire !
Ta lettre sera peut-être publiée !

Attention !

N'oublie pas d'écrire ton nom et
ton adresse si tu veux qu'on te réponde !

S.O.S. ANIMAUX

301. Il faut retrouver Perle !
304. Les larmes du dauphin
305. Le panda abandonné
310. Réglisse a disparu !
311. Sauvons les poulains !
312. Une girafe en péril
313. Comment sauver Harry ?
314. Perdue dans la nuit
315. Qui veut adopter un chaton ?
316. Un hamster trop gourmand
317. Une maison pour Marco et Polo
318. Flibuste est un coquin !
319. Prince ne doit pas courir !
320. Opération Koala
321. Au secours du bébé éléphant
322. Le Noël du chien de berger
323. Perdu dans la savane
324. Nanook, chienne des neiges
325. Un singe en danger
326. Des poneys en liberté
327. Seul dans la ville

SPÉCIAL DAUPHINS

S.O.S. ANIMAUX

501. Une belle amitié
502. Une histoire d'amour
503. Une chasse au trésor
504. Une naissance difficile
505. Prisonniers
506. Le fleuve enchanté
507. Un nouveau défi
508. Le prince des mers

Imprimé en R.F.A. par Clausen & Bosse
N° d'Éditeur: 7127